내 몸이 달라지는

색깔있는 밥상

감사의 마음을 전할 수 있는
오늘 하루가 참 행복합니다

님께

Contents

색깔있는 밥상 차리기

내 몸이 달라지는
색깔있는 밥상

독소 없는 밥상 차리기

색깔있는 밥상 차리기 01
Red Food

❝
혈액순환을 도와주는 레드푸드

칼로리가 낮으면서 항암효과가 뛰어난 레드푸드는
심장을 건강하게 해주는 영양소가 다량으로 함유되어 있다.
이 중 리코펜은 항산화 효과가 뛰어나서 몸 속 독소를 제거해줌으로써
면역력을 강화시키고 혈액순환을 원활하게 해주는 효과가 있다.
❞

의사 얼굴을 파랗게 만든다는 토마토

요즘은 누구나 토마토를 즐겨 먹지만
처음부터 인기 있는 작물은 아니었다.
19세기에는 토마토가 독성 식물과 비슷하게 생긴 까닭에
먹으면 죽는다는 소문이 돌았기 때문이다.
결국 뉴저지 주의 존슨 대령이 많은 사람들 앞에서
20여개의 토마토를 먹은 후에야
미국 전역에서 식용으로 사용되기 시작했다.
유럽에는 '토마토가 빨갛게 익으면 의사 얼굴이 파랗게 된다'는
속담이 있다. 토마토만 잘 먹어도
병원이 필요 없을 정도로 건강해진다는 의미이다.
토마토를 붉게 만드는 리코펜이라는 색소가
활성산소를 제거해 세포를 건강하게 만드는
항산화 작용을 하기 때문이다.
우리 몸에서 나트륨을 배출하는
역할을 하는 칼륨 또한 풍부해서
짜게 먹는 식습관을 지닌 한국인에게 많은 도움을 준다.
토마토에는 지용성 영양소가 많이 포함되어 있어서
생식하는 것보다 식용유와 함께 섭취하거나
가열·분쇄해 섭취하는 것이 좋다.

페르세포네의 과일 석류

지하 세계의 왕 하데스는 페르세포네를 사랑하여
그녀를 지하 세계로 납치한다.
하데스는 제우스의 명으로 지상으로 돌아가려는
페르세포네에게 석류를 건네며 이것을 먹으면
집으로 보내주겠다고 한다.
지하 세계의 음식인 석류 몇 알을 먹은 그녀는
하데스의 아내가 되어야 했다.
신화에서 대지와 풍요의 여신인 페르세포네의 과일,
석류에 있는 많은 씨앗 알맹이는 '다산'을 상징한다.
실제로 석류에는 여성호르몬인 에스트로겐이 풍부하며,
체지방을 분해해주고 소화를 촉진시키는 효능이 있어
다이어트에도 효과적이다.
이외에도 폴리페놀, 비타민, 칼륨, 엽산, 철분 등이
풍부해 면역력을 증진시키고
고혈압, 동맥경화를 예방하는 데 좋다.
석류는 과육과 껍질, 씨앗까지 먹는 것이 좋은데
껍질과 씨앗에 타닌과 펙틴이 함유되어 있어
신진대사와 혈액순환을 돕기 때문이다.

발암물질 낮춰주는 체리

1994년 미시간 주립대학의

연구 결과에 따르면

체리를 구운 고기와 함께 먹었을 때

탄 고기에서 생기는 발암 물질을 낮추고,

몸에 좋은 고밀도 지단백콜레스테롤(HDL)을 높여

대사증후군을 완화시키는 데 도움이 된다고 한다.

체리의 안토시아닌은 소염효과가 있고

세포의 원상복귀를 도와 노화를 지연시키는 데 유용하며,

콜라겐을 온전히 보존하는 데도 도움을 준다.

미국 한 대학의 연구에 따르면

매일 체리를 꾸준히 섭취하면

관절 통증, 관절염, 만성 염증 감소에 큰 도움이 된다고 한다.

또한 체리에 포함된 멜라토닌이

생체리듬을 조절하여 컨디션 조절을 도와줄 뿐만아니라

수면각성 사이클을 일정하게 하여 숙면에 좋고

편두통을 완화시키는 효과가 있다고 한다.

금단의 열매였던 사과

「창세기」를 해석할 때 아담과 하와가 먹은
금단의 열매를 사과로 보는 견해가 많다.
설탕이나 꿀과 같이 단맛을 내는 식재료가 귀하던 시절,
담백한 맛에 익숙해 있던 사람들에게 사과의 단맛이
너무나 매력적이어서 '금단의 과일'로 보았을지도 모른다.
그러나 사과는 실제로 인간에게 매우 도움이 되는 식품이다.
나이가 들면서 떨어지는 학습능력과
기억력을 증진시키는 데 도움을 준다.
사과에 함유된 강력한 항산화 물질이 유해산소로 인한
세포나 조직의 손상을 막아주기 때문이다.
또한 사과의 칼륨 성분은 체내의 나트륨을 몸 밖으로 내보내
혈압을 낮추는 기능을 한다.
유럽에서는 사과요법으로 고혈압을 치료하는 의사가 있을 정도다.
사과는 잘 씻어서 껍질째 먹는 것이 좋다.
껍질을 벗기면 암 억제 효과가 훨씬 적어지고,
껍질과 껍질 바로 밑의 과육에 주로 있는 비타민C가
함께 깎여나가기 때문이다.

1711년, 프랑스의 루이 14세는
유럽 열강의 세력 다툼 중 군사정보 수집을 위해
스페인 식민지였던 칠레와 페루에 프레지어 중령을 파견한다.
프레지어 중령은 스파이 활동을 위장하기 위해
야생딸기를 연구하다가 임무를 마치고 프랑스로 돌아올 때
야생딸기 종자를 들여와 유럽에 심었다. 이후 1764년 영국 학자
필립 밀러가 북미 버지니아 토종딸기와 칠레의 야생딸기를
교배시켜 오늘날의 딸기 품종을 얻게 되었다.
프레지어 중령 덕분에 태어난 딸기는 비타민C가 풍부하여
부신피질의 기능을 활발하게 해주기 때문에
체력을 보강하는 데 효과가 있다. 딸기의 비타민C 함량은
사과의 10배이며 6~7알의 딸기만 먹어도
하루에 필요한 비타민C를 모두 섭취할 수 있다.
우유와 함께 먹으면 딸기의 구연산이
우유의 칼슘 흡수를 도와주기 때문에 영양흡수율이 높아진다.
또한 콜레스테롤의 산화를 막아 동맥경화와 심장병을 막고,
치매 예방에도 효과가 있으며 면역력을 높이고
스트레스를 감소시키는 데 도움이 된다.

과육이 붉은 수박

우리나라에 수박이 들어온 때는 고려시대이다.
허균이 조선의 별미 음식을 소개한 『도문대작』에 보면
"고려시대 홍다구라는 사람이 처음으로 개성에 수박을 심었다"
라는 기록이 있다. 그러나 아프리카가 원산지다 보니
당시에는 재배가 쉽지 않았다.
하지만 요즘 수박은 여름을 대표하는 과일로 자리잡았다.
리코펜이라는 물질이 면역력을 증가시키고
뇌졸중과 중풍을 예방하는 데도 도움을 준다.
게다가 비타민B 복합체 중 하나인
콜린이라는 영양소를 풍부하게 함유하고 있어
뇌기능과 간의 원활한 활동을 돕고
불면증에도 효과를 보이며, 집중력과 기억력 향상에도 좋다.
수박에 많이 포함된 비타민C는
피부 콜라겐과 단백질을 보호하는 역할도 한다.
또한 단백질과 칼슘, 무기질이
많이 들어있는 수박 씨를 씹어 먹는 것도 건강에 도움이 된다.

기초대사량을 높여주는 고추

한국 밥상에서는 고추가 쓰이지 않은 음식을 찾는 것이
빠를만큼 익숙한 식재료다.
우리 선조들은 붉게 익은 고추를
태양이나 불, 영물로 생각하는 경향이 있었다.
붉은 고추는 귀신을 물리친다고 해서 금줄에 달기도 했다.
고추의 매운 맛을 내는 캡사이신은
활성산소를 없애는 항산화 작용으로 암을 예방하고,
암 전이를 억제하는 기능을 한다.
또한 캡사이신은 비타민의 산화를 막기 때문에
고추를 조리했을 때 영양소가 쉽게 파괴되지 않게 한다.
매운 고추를 먹으면 에너지가 발산되어
기초 대사량이 늘어나기 때문에,
체중 감소에 도움이 되기도 한다.
한의학에서는 매운 맛이 기운을 발산하는 성향이 있어
우울한 기운을 풀어주는 효과가 있다고 설명한다.

색깔있는 밥상 차리기 02
Yellow Food

❝
면역력을 높여주고 시력을 보호해주는 옐로푸드

옐로푸드에는 면역력을 키워주는 식물영양소인 베타카로틴이 풍부하다.
또한 시력 보호와 안구 건강에 효과적이다.
비타민A가 풍부해 노화방지에 좋으며,
알파카로틴 성분은 백내장과 안구건조증 예방에 좋다.
옐로푸드의 베타카로틴은 기름에 조리할 경우
흡수율이 높아지기 때문에 기름에 볶아 먹는 것이 좋다.
❞

소화기능에 좋은 당근

전쟁으로 물자가 부족했던 2차 세계대전 당시 영국 정부는
설탕 대신 당근을 배급했다. 당근이 아이스크림인 척,
통째로 핫도그처럼 나무 스틱에 꽂아 보급하기도 했다.
당근바bar를 먹는 모습이 우습게 보일 수 있으나
영양 측면에서 보자면 훌륭한 선택이었다.
당근의 성분 중 가장 중요한 베타카로틴은 강력한
항산화제 중 하나이면서 체내에 흡수되면 비타민A로 전환된다.
몸 속의 배기가스라 할 수 있는 활성산소가
체내 세포를 손상시키는 것을 방지하고
발암물질 및 독성물질을 무력화하여 면역력을 키워준다.
특히 당근은 폐암 예방 효과가 높은 것으로 나타났다.
한방에서 보면 당근의 성질이 따뜻해 보온작용과
혈액순환에 도움이 되며 소화불량, 설사 등에도 좋다.
특히 위염, 대장염 등 염증성 질환이 있는 사람에게 효과적이다.
당근은 껍질 부위에 영양소가 몰려 있어 껍질째 먹는 것이 좋다.
당근과 가장 궁합이 잘 맞는 사과를 함께 갈아서
주스로 마시면 맛도 좋고 영양소도 풍부해진다.

장 운동을 도와주는 고구마

조선 영조시절 통신사 조엄이 일본 대마도에 들렀다가
고구마 종자를 들여오면서 국내 재배가 시작되었다.
조엄이 쓴 『해사일기』를 보면 고구마를
'대마도에서는 감저甘藷 혹은 효자마孝子麻라고 부르는데
일본 발음으로는 고귀위마高貴爲麻라고 부른다'고 적었다.
효자마는 기근이 들었을 때 효자가 고구마를 심어
늙은 부모를 봉양했다고 해서 비롯된 이름으로
'고구마'는 일본식 발음 '고귀위마'에서 왔다.
고구마의 노란색을 내는 베타카로틴 성분은
강한 항암효과를 갖고 있으며,
호박고구마처럼 노란색이 진할수록 베타카로틴이 풍부하다.
그리고 생고구마를 잘랐을 때 나오는
흰색 액체에는 식이섬유인 셀룰로오스가 많이 포함되어 있어
장 운동을 향상시키는 역할을 하고, 아마이드라는 물질이
장 내의 유산균이나 비피더스균의 번식을 촉진하기 때문에
변비환자에게도 좋다. 또한 칼륨이 많아
성인병과 고혈압을 예방하는 데 효과적이다.

폐암에 걸릴 가능성을 줄여주는 호박

우리나라에서는 예상치 못한 횡재를 했을 때
'호박이 넝쿨째 굴러 들어온다'고 표현하는데,
호박이 그만큼 유용한 식재료였기 때문이다.
호박은 자궁, 유방, 피부, 대장에서의 암 발생을 억제하며
그 중에서도 특히 폐암 예방에 효과적이다.
최근 미국의 국립암연구소NCI에서는
하루 반 컵 정도 분량의 늙은 호박을 꾸준히 섭취하면
폐암에 걸릴 확률이 절반으로 줄어든다고 발표했다.
호박은 섬유질이 풍부해 혈액순환을 원활하게 하며
피부미용에도 좋고 인슐린의 생성을 촉진해
췌장 기능도 강화해준다. 또한 위 점막을 보호하는 기능이 있어
위장이 약하거나 위궤양으로 고생하는 사람에게 효과적이다.
열량이 적고 노폐물 배출과 이뇨작용을 도와
지방의 축적을 막아주기 때문에 다이어트에도 좋다.

우울증, 동맥경화증 막아주는 바나나

바나나를 서늘한 상온에서 보관하면 단맛이 증가한다.
그럼 칼로리도 높아질까?
단맛이 강해졌으니 칼로리가 높아졌을 것 같지만
실제로는 전분이 작은 단위로 쪼개진 것이기 때문에
탄수화물의 전체적인 함량에는 변화가 없다.
따라서 칼로리는 높아지지 않는다고 한다.
전분에는 단맛이 없지만 포도당과 과당, 자당은
단맛이 나기 때문에 잘 익은 것이 더 달게 느껴진다.
이처럼 달콤하고 맛있는 바나나는
베타카로틴과 비타민B6가 많아 면역력을 키워준다.
비타민B6는 단백질과 아미노산 대사에 꼭 필요한 영양소로,
적혈구 형성에 직접적으로 관여하기 때문에
부족하면 우울증, 두통, 빈혈 등을 일으킨다.
특히 노인의 경우 비타민B6가 부족하면 면역력이 감소하고
동맥경화증이 발생할 가능성이 높아진다.
또한 식이섬유의 일종인 펙틴이 풍부해 변비에 좋다.
한편 바나나에 풍부한 칼륨 성분이 혈압을 조절하고
근육 경련을 막아주는 기능을 하기도 한다.

새색시의 과일 오렌지

결혼식에서 신부의 화관을 오렌지 꽃으로 장식하기도 하고,
그리스 신화에서 제우스가 헤라에게 프러포즈를 할 때
선물한 황금사과가 사실은 오렌지라고 믿는
그리스 철학자들도 있다.
때문에 오렌지의 꽃말 중에는 '새색시의 기쁨'이 있다.
그래서인지 오렌지에 많이 함유된 비타민C는
감기를 예방하기도 하지만, 무엇보다 피부미용에 효과적이다.
하지만 오렌지에는 이보다 더 많은 효능이 숨어 있다.
오렌지에 포함된 헤스페리딘이라는 성분이
유해 세포의 증식을 억제하고 모세혈관을 튼튼하게 하며
혈압과 콜레스테롤 수치를 낮춰준다.
오렌지의 껍질과 씨에 함유된 리모노이드란 성분은
유해 세포의 증식을 막는 힘이
헤스페리딘보다 45배나 강하다.
리모노이드는 발암물질의 독소를 제거해주는
효소를 체내에 불러들이고
유해 세포가 스스로 죽도록 유도한다.

색깔 있는 밥상 차리기 03
Green Food

❝
간의 피로를 풀어주는 그린푸드

그린푸드에 함유된 비타민과 미네랄은 공해물질을 해독하고
간의 피로를 풀어주는 역할을 한다.
또한 식이섬유가 많아 혈중 콜레스테롤 수치를 낮추어 주며
칼슘이 풍부해 골다공증 예방에도 도움이 될 수 있다.
❞

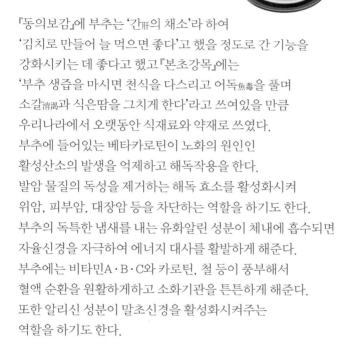

간에 좋은 부추

『동의보감』에 부추는 '간肝의 채소'라 하여
'김치로 만들어 늘 먹으면 좋다'고 했을 정도로 간 기능을
강화시키는 데 좋다고 했고『본초강목』에는
'부추 생즙을 마시면 천식을 다스리고 어독魚毒을 풀며
소갈消渴과 식은땀을 그치게 한다'라고 쓰여있을 만큼
우리나라에서 오랫동안 식재료와 약재로 쓰였다.
부추에 들어있는 베타카로틴이 노화의 원인인
활성산소의 발생을 억제하고 해독작용을 한다.
발암 물질의 독성을 제거하는 해독 효소를 활성화시켜
위암, 피부암, 대장암 등을 차단하는 역할을 하기도 한다.
부추의 독특한 냄새를 내는 유화알린 성분이 체내에 흡수되면
자율신경을 자극하여 에너지 대사를 활발하게 해준다.
부추에는 비타민A·B·C와 카로틴, 철 등이 풍부해서
혈액 순환을 원활하게하고 소화기관을 튼튼하게 해준다.
또한 알리신 성분이 말초신경을 활성화시켜주는
역할을 하기도 한다.

정약용의 녹차

조선의 실학자 정약용의 호는 다산茶山이다.
그가 차를 워낙 즐겨 마셨기 때문인데
"차를 마시는 민족은 흥하고
술을 마시는 민족은 망한다."는 말을 남기기도 했다.
실제로 차를 자주 마실 경우 혈전 형성을 막아주고
콜레스테롤과 혈당을 낮추며, 충치 예방에도 효과가 있다.
또한 녹차 추출물은 항산화 작용을 한다.
녹차의 쌉싸름한 맛은 카테킨catechin이라는 타닌 성분 때문인데,
카테킨은 항암 효과가 있고 혈관 건강을 지키는 기능을 하며
위암·폐암 등을 예방하는 데 도움이 된다.
혈압을 낮추며 심장으로 흐르는 혈류를 늘리는 효과도 있다.
소화기관 내에서의 콜레스테롤의 흡수를 막아주고
지질이 체내에 쌓이는 것을 억제한다.
때문에 혈압을 떨어뜨리고 심장을 강화하며
지방간이나 동맥경화를 예방한다.
또 감기 바이러스의 활동을 저지시키고
체내 세포가 바이러스에 감염되는 것을 막는다.

먹는 꽃봉오리 브로콜리

우리는 브로콜리의 어떤 부분을 주로 먹는 걸까?
정답은 꽃이다.
꽃이 다 피기 전 꽃봉오리를 먹는 채소인 셈이다.
브로콜리는 대표적인 노화방지 식품으로
비타민E와 비타민C가 풍부하게 함유되어 있다.
비타민E는 피부를 생기 있게 하고 노화를 억제하고
비타민C는 멜라닌 색소에 의해
피부에 생기는 기미나 주근깨를 예방한다.
브로콜리는 특히 해독 작용이 뛰어나며 노폐물이
체외로 배출되는 것을 도와
피로를 풀어주는 효과도 있다.
칼륨이 고혈압의 위험을 낮추고
엽산이 임산부의 기형아 출산 확률을 낮추는 역할을 한다.
당뇨병 환자에게 유익한 크롬도 함유하고 있다.
브로콜리 잎에는 케일보다 많은 비타민C와
항암물질이 포함되어 있기 때문에 농촌진흥청에서
브로콜리 잎 수확 기술을 확립해
나물이나 김치, 주스로 활용할 수 있도록 권장하고 있다.

시금치에는 철, 비타민B, 아미노산 등이 풍부해
심혈관계 질병을 예방하는 데 도움이 된다.
비타민A가 다량 함유되어 있어
피부 노화를 촉진시키는 유해산소를 없애준다.
특히 시금치의 베타카로틴 성분은
세포를 재생시키는 능력이 뛰어나고
기미와 잡티, 주근깨를 방지하는 효과가 있다.
또한 카로티노이드를 많이 함유한 식품 중의 하나로
안과 질환의 발병 위험을 줄여주며,
폐암 예방에 도움이 되고 위와 장을 활발하게 하여
위장장애, 변비, 냉증, 거친 피부 등에 도움을 준다.
뿌리에는 조혈 성분인 구리, 망간, 단백질 등의
영양소가 풍부하므로
생즙을 낼 때 뿌리까지 이용하는 것이 효과적이다.
다만 시금치에는 결석을 만드는 '수산'이라는 물질이
많이 들어있어 결석이 생길 수 있다.
그래서 시금치를 먹을 때에는 칼슘의 비율을 높여줄 수 있는
참깨와 함께 섭취해주면 좋다.

입냄새를 제거해주는 파슬리

요즘 파슬리는 식용으로 많이 사용되고 있지만
예전에는 더욱 다양한 용도로 쓰이기도 했다.
고대 그리스에서는 승자에게 주어지는 관이나
무덤을 장식하는 다발에 쓰이기도 하고
말들의 병을 치유하기 위해 먹이기도 했다.
파슬리는 향신료로 입냄새 제거에 효과가 있으며
엽록소와 비타민, 폴리페놀이 풍부해 항산화 작용이 탁월하고
세포 노화와 성인병을 예방한다.
또한 콜레스테롤과 중성지방 수치를 개선해주기도 하고
칼륨 함량이 높아 고혈압과 동맥경화 등의 질환을 예방하고
몸의 부종을 제거하기도 한다. 그리고 루테인과 제아잔틴이
눈의 점막을 보호해주고 안구 질환을 예방해준다.

우주인의 식품 클로렐라

클로렐라는 민물에 자라는 플랑크톤의 일종으로
각종 영양소가 풍부하여 미국항공우주국NASA에서
우주인의 식품으로 연구되면서 유명해졌다.
클로렐라는 단백질의 합성을 왕성하게 해주며,
조혈 작용을 활발하게 하여 빈혈을 예방하고,
간장과 신장의 기능을 향상시킨다.
세포의 기능을 활발하게 하고,
공해에 대한 신체의 방어력과 회복력을 높이며,
세균이나 바이러스에 대한 저항력도 높여준다.
클로렐라의 식물성 다당체는
종양이 생기는 것을 억제하는 작용을 한다.
골다공증 예방, 중금속 배출,
장 기능 개선 등에도 효능이 있다.
클로렐라에 함유된 엽록소는
콜레스테롤 수치를 낮추는 작용을 하며,
신체의 신진대사를 원활하게 하고
면역력을 증진시키며 체액의 산성화를 방지하는 역할을 한다.

새를 닮은 과일 키위

우리 말로 참다래라고 부르는 키위는
이름이 왜 키위가 되었을까?
껍질에 둘러싸인 열매의 모습이 마치
뉴질랜드를 상징하는 키위새와 닮아 보이기 때문이라고 한다.
모습은 예쁘지 않은 새를 닮았지만 영양소는 풍부하다.
키위는 비타민C, E가 풍부하고, 식물성 섬유인 팩틴 성분과
칼슘이 다른 과일보다 많이 들어있다.
팩틴은 혈액에 녹아 당, 콜레스테롤과 같은 영양소의 흡수를
지연시키는 효과가 있어 당뇨 환자에게 좋은 식품이다.
키위는 20대 영양소를 거의 모두 함유하고 있으므로
성장기의 어린이에게 좋으며
특히 임신부에게 부족하기 쉬운 엽산도 풍부한 과일이다.

색깔 있는 밥상 차리기 04
Black Food

탈모를 예방하고 항암효과가 있는 블랙푸드

블랙푸드에 함유된 안토시아닌은 노화를 방지하는 데 탁월한 효과가 있고
항산화 작용으로 우리 몸에 면역력을 강화시켜
각종 질병을 예방하는 데도 큰 도움을 준다.
항암, 항궤양 효과도 탁월하다.
비타민B군, 다양한 무기염류, 불포화 지방산 등을
많이 함유하고 있어 탈모 환자에게도 좋은 식품이다.

디오니소스의 과일 포도

그리스 신화에는 포도에 정통한 신이 나오는데
바로 디오니소스다. 디오니소스가 님프들과 니사산에서
지내면서 포도의 재배와 양조법에 통달하게 되었다고 한다.
포도주 때문인지 디오니소스에게는
이성 마비, 본능과 도취 등의 이미지가 덧씌워졌다.
하지만 포도주의 이미지와 달리
포도는 우리의 건강에 여러모로 도움이 된다.
짙은 보라색의 포도 껍질에 함유된 플라보노이드는
지나친 육류 섭취로 혈관에 지방이 축적되는 것을 방지하며
꾸준히 섭취하면 심장병도 예방할 수 있다.
성분으로는 당분이 많이 들어 있어 피로회복에 좋고
비타민이 풍부해서 신진대사를 원활하게 한다.
또 생혈 및 조혈작용을 하여 빈혈에 좋고
바이러스 활동을 억제하여 충치를 예방한다.
신경세포를 만드는 신경효소의 활동과 효능을 증진하여
알츠하이머나 파킨슨 등의 예방에도 도움을 준다.

신라에서부터 함께해 온 가지

우리나라에 가지가 재배된 것은
삼국시대로 추측하고 있다.
중국 송나라의『본초연의本草衍義』에
'신라에 일종의 가지가 나는데, 모양이 달걀 비슷하고
엷은 자색에 광택이 나며, 꼭지가 길고 맛이 단데
지금 중국에 널리 퍼졌다'라는 기록이 남아있기 때문이다.
오랜 시간 우리 민족과 함께 해 온 가지는
영양소가 풍부하여
사람들의 건강을 지키는 데 도움을 주고 있다.
가지의 색소는 지방질을 잘 흡수하고
혈관 안의 노폐물을 분해하여 배출시키는 역할을 하면서
혈중 콜레스테롤 양을 저하시킨다.
가지는 항산화물질인 안토시아닌을 다량 함유하고 있다.
항산화물질은 노화를 억제하며 암 예방에 효과가 있다.
또한 간장 기능을 좋게 해주고,
이뇨작용을 활발하게 하며
민간 요법에서는 통증을 감소시키기 위해 사용하기도 한다.

꽃이 없는 열매 무화과

무화과無花果는 '꽃이 없는 열매'라는 뜻이다.
그러나 이것은 오해다.
대부분의 나무처럼 가지에서 꽃이 피지 않을 뿐이다.
우리가 먹는 무화과 열매 안에 꽃이 많이 피어있다.
따라서 무화과는 열매와 꽃을 함께 먹고 있다고 볼 수 있다.
이처럼 꽃을 먹는 무화과에 대해서『동의보감』은
'설사를 그치게 하며 각혈 치료에 좋고 잎을 말려
구충제와 신경통 약재로도 사용한다'고 기록하기도 했다.
무화과에는 단백질 분해 효소인 피신이 있어
소화를 촉진해주고 풍부한 섬유질이 장 운동을 도와
변비 해소에도 도움이 된다.
신진대사를 활발하게 해
몸 속에 쌓인 독소와 노폐물 등을 배출하고
체내에 중성지방이 쌓이는 것을 막아 비만을 예방한다.
그리고 항산화 효능이 뛰어나
황반변성 증상 개선에 좋다는 연구 결과도 있다.

위가 튼튼해지는 적양배추

남극과 호주를 발견한 영국의 제임스 쿡 선장은 1768년
세계일주 항해를 떠나기 전 배에 절인 양배추를 가득 실었다.
선원들이 괴혈병에 걸리지 않게 하기 위함이었다.
실제로 항해를 마친 2년 뒤 괴혈병에 걸려 쓰러진 환자는
단 한 명뿐이었다고 한다.
괴혈병은 비타민C가 부족해서 걸리는 병이니
양배추에 비타민C가 풍부하다는 것을 짐작할 수 있다.
게다가 적양배추는 보통 양배추보다 과당과 포도당,
식물성 단백질 리신, 비타민C 등의 영양 성분이 더 많다.
또 비타민U가 풍부하여 위궤양에 효과가 있다.
노화방지와 수은중독 방지, 간 기능 회복 등에 도움이 되는
셀레늄도 풍부하여 대표적인 건강채소로 꼽힌다.
또한 철분이 많이 들어 있어 빈혈 증상 개선에도 도움이 된다.

젊음을 유지시켜주는 검은콩

모발에 민감한 사람들에게 이미 유명한
검은콩은 예로부터 건강에 좋은
식재료로 분류되어 왔다.
『본초강목』에는 '신장을 다스리고 부종을 없애며,
혈액 순환을 활발하게 하고
모든 약의 독을 풀어준다'고 기록되어 있다.
콩 자체가 흔히 '밭에서 나는 소고기'라고 불릴만큼
영양가가 많지만 그 중에서도 검은콩은 일반 콩에 비해
노화를 지연시켜주는 성분이 많고
성인병 예방에도 도움이 된다.
일반 콩에 비해 올리고당이 풍부하고 안토시아닌 성분이
지방 배출을 도와주기 때문에 면역력을 높이고
신진대사를 활발하게 한다.
그리고 검은콩의 비타민E나 불포화 지방산은
혈관을 확장시켜 말초신경의 순환을 원활하게 해준다.
또한 모발 성장에 필수적인 시스테인이 함유되어 있어
탈모를 방지하는 데도 효과가 있다.

색깔 있는 밥상 차리기 05
White Food

저항력을 길러주는 화이트푸드

화이트푸드에 많이 함유된 식물영양소에는
안토크산틴, 알리신, 케르세틴 등이 있는데
이것들은 활성산소를 억제하고
세균과 바이러스에 대한 저항력도 길러준다.
또한 혈중 콜레스테롤 수치를 낮춰주고 혈관 건강에도 유익하다.

두뇌 발달과 치매 예방에 좋은 갈치

예로부터 은빛이 나는 갈치의 몸통이
서슬 퍼런 칼날 같다고 도어刀魚라 했고,
'칼'과 사람을 얕잡는'치'를 합해 칼치라고도 했다.
옛 신라어로 '칼'이 '갈'로 발음되었다고 해서
오늘날의 갈치가 되었다고 전한다.
대표적인 흰살 생선인 갈치는 그 맛이 일품이다.
갈치에는 인, 무기질, 칼슘 등이 풍부해서
성장기 어린이의 골격을 형성하고
성인의 골다공증을 예방하는 데 도움이 된다.
불포화 지방산인 DHA가 풍부하게 들어있어
두뇌 발달과 치매 예방에 좋고
콜레스테롤 수치를 낮춰주는 효과도 있다.
비타민 A가 많이 포함되어 있어 눈을 건강하게 해주고
야맹증을 예방하는 데도 도움이 된다.
필수 아미노산이 고루 함유된 양질의 단백질 식품으로
다이어트에도 좋다.

동물성 화이트푸드 닭고기

오랫동안 가까운 식재료였던
닭고기는 현재 동물성 화이트푸드의 대표주자다.
적색 고기에 비해 지방 함량이 낮고 단백질 함량이 높으며,
비타민B가 풍부해 면역력 증진에도 좋다.
그 중에서도 두뇌성장을 돕는 단백질이 풍부해
성장기 아이들에게 좋다. 닭고기에 있는 콜라겐 성분이
피부를 탄력 있게 만들고 불포화 지방산이 암 발생을 억제하며
동맥경화, 심장병 등을 예방하는 데에도 도움이 된다.
또한 닭고기는 다른 고기에 비해 섬유질이 가늘고 연해
소화 흡수가 잘 되기 때문에 회복기 환자들에게 좋다.
필수 아미노산이 풍부해 간 기능을 회복하는 데 도움이 되고
피로와 혈액순환에 효과적인 성분도 풍부하다.
다만 소고기나 돼지고기에 비해 쉽게 상하기 때문에
포장 용기를 뜯으면 빠른 시간 내에 조리하는 것이 좋다.

천연소화제이자 폐에 좋은 무

'떡 줄 사람은 생각도 안 하는데 김칫국부터 마신다'는
속담으로 미루어 보아 예전에는 떡을 먹을 때
김칫국을 함께 마셨음을 짐작할 수 있다.
떡을 먹을 때는 보통 동치미나 나박김치 등을 함께 먹었는데
무로 만든 김치 국물에 디아스타아제가 들어 있기 때문이다.
전분 소화 효소인 디아스타아제는 특히 무에 많이 들어있어
떡이나 밥을 먹을 때 같이 먹으면 소화를 도와준다.
무에도 안토크산틴이라는 항산화성분이 풍부하여
호흡기 기능을 튼튼하게 하고 몸 안으로 들어오는 세균과
바이러스에 대한 저항력을 높여준다.
무는 소염작용과 해열작용을 하므로 감기에 걸려
열이 나거나 기침을 하고 목이 아플 때에도 효과가 있다.
수분이 많고 비타민이 풍부하며,
단백질, 비타민, 칼슘 등이 많이 들어있어
피부 미용과 감기 예방에도 효과가 있고,
식물성 섬유소가 많아 장내 노폐물을 청소하는 역할도 한다.

중국인들의 심장병을 막아준 양파

1989년 세계보건기구에서 37개국의 심장병 질환 실태를 조사한
'모니카 프로젝트'에서 중국의 심장병 발생률은
미국의 5분의 1 수준인 것으로 알려졌다.
중국인들은 콜레스테롤이 많은 돼지고기를 즐겨 먹는데도
이처럼 심장병 발생률이 낮은 이유는
중국 요리에 빠짐없이 들어가는 양파 덕분이라고 한다.
양파에 풍부한 시스틴 유도체가 혈전을 용해하고
혈액 순환을 원활하게 해주기 때문이다.
양파의 대표적인 효능은 노화 방지와 고혈압 예방이다.
양파 겉껍질에 들어 있는 케르세틴이라는 식물 영양소는
대표적인 항산화 성분으로 불포화 지방산의 산화를 막고
혈액을 맑게 해 혈중 콜레스테롤의 양을 줄여준다.
모세혈관을 튼튼하게 해주기 때문에
고혈압, 동맥경화 등 성인병 예방에도 효과적이다.

기적의 원소를 포함한 마늘

마늘은 미국 국립암연구소가 밝힌
'항암 효과가 있는 48가지 식품 중
가장 강력한 항암식품'이기도 하다.
기적의 원소라 불리는
식물영양소 셀레늄을 함유하고 있다.
셀레늄은 인체의 기능 유지에 필요한 극미량의 원소로
인체의 노화를 촉진하는 활성산소를 중화한다.
마늘에는 알리신을 포함해 게르마늄, 스코르디닌 등
다양한 항산화 미네랄 성분이 들어 있다.
이 밖에도 혈액을 맑게 해
심장마비, 뇌졸중을 예방하는 효과가 있고
아연이 다른 식품보다 월등히 많아
정력 증강에도 도움이 된다.
하지만 과잉 섭취하는 것은 좋지 않다.
자극성이 있는 식품이라
공복에 마늘을 과잉 섭취하면 위가 상할 수 있으므로
적정량을 먹는 것이 중요하다.

독소 없는 밥상 차리기

"

개별적으로 섭취하면 좋은 음식일지라도
함께 먹으면 좋지 않은 음식이 있다.
두 음식이 화학작용을 일으켜 좋은 영양소가 반감되기도 하고
좋은 영양소가 몸에서 흡수되지 않는
다른 영양소로 변화하는 경우도 생기기 때문이다.
이렇게 바뀐 영양소는 다시 배출시켜야 하기 때문에 몸에 좋지 않다.
따라서 서로 잘 맞지 않는 음식은 피해서
몸 속에 불필요한 성분이 생기지 않도록 조심하는 것이 좋다.

"

1. 시금치와 두부 – 시금치와 두부를 함께 요리하는 것은 좋지 않다. 시금치의 옥살산 성분은 두부에 포함된 칼슘 성분과 결합해 불용성 수산칼슘을 생성하는데, 이것이 체내의 칼슘 흡수를 방해하고 결석증을 유발하기 때문이다.

2. 수박과 튀김요리 – 수박을 먹고 기름기가 많은 튀김종류를 먹는 것은 바람직하지 않다. 수박은 소화 효소가 포함된 위액을 연하게 만들기 때문에 기름진 음식을 함께 먹으면 소화가 잘 되지 않는다.

3. 삼겹살과 소주 – 소주의 알코올은 지방의 합성을 촉진시키는 역할을 한다. 그래서 지방이 많은 삼겹살과 함께 먹을 경우 살이 찌기 쉽고 삼겹살의 포화 지방산과 소주의 알코올이 간에 부담을 주므로 함께 먹는 것은 좋지 않다.

4. 게와 감 – 게는 식중독균이 쉽게 번식하는 고단백 식품이고 감은 장의 세포를 수축시키는 타닌 성분이 있다. 그래서 이 두 가지를 함께 먹으면 소화불량을 수반하는 식중독에 걸릴 수 있다.

5. 조개와 옥수수 – 조개류는 쉽게 부패하는 편이고 산란기에는 자신을 적으로부터 보호하기 위해 독성물질을 생성하기도 한다. 이러한 조개를 먹고 천천히 소화되는 옥수수를 함께 먹으면 조개에 있는 유해균을 빨리 배출시키기 어려워 배탈이 나기 쉽고 식중독에 걸릴 위험도 높아진다.

6. 맥주와 깐땅콩 – 맥주를 마실 때 즐겨먹는 땅콩은 단백질과 지방, 비타민 B군을 함유하고 있어 간을 보호한다. 땅콩은 껍질을 벗겨서 공기에 노출시키면 지방이 산화되기 쉽고 고온 다습한 환경 속에서는 배아 근처에 검은 곰팡이가 피는데 여기에 아플라톡신이라는 성분이 만들어진다. 이것은 간암을 유발하는 물질이다. 따라서 가능한 껍질이 있는 땅콩을 볶아 먹는 것이 좋다.

7. 도토리묵과 감 – 도토리묵은 수분이 많고 열량이 낮은 편이어서 다이어트에 좋다. 그러나 도토리묵을 먹고 후식으로 감이나 곶감을 먹는 것은 좋지 않다. 감이나 곶감에도 불용성 타닌이 존재하기 때문이다. 이렇게 타닌이 많은 식품을 함께 먹으면 변비가 심해질 뿐 아니라 빈혈이 나타나기 쉽다. 적혈구를 만드는 철분이 타닌과 결합하면서 체내에 잘 흡수되지 않기 때문이다.

8. 문어와 고사리 – 문어는 고단백 식품이기는 하나 소화가 잘 되지 않는다. 그리고 고사리는 섬유질이 많아 위장이 약한 사람이 두 가지 음식을 함께 먹으면 소화불량에 걸리기 쉬우므로 피하는 것이 좋다.

9. 커피와 크림 – 커피를 부드럽게 하기 위해 크림 종류를 타 먹는 경우를 종종 볼 수 있다. 그러나 크림은 설탕보다 더 살이 찌게 만든다. 따라서 비만이 걱정인 사람은 커피를 마실 때 크림과 설탕을 모두 빼고 먹는 것이 좋다.

10. 동물의 간요리와 감 – 동물의 간은 각종 영양소가 풍부하고 특히 빈혈 환자에게 필요한 영양소와 흡수되기 쉬운 철분을 많이 가지고 있다. 하지만 간요리를 먹고 감을 먹으면 감에 있는 타닌이 철분과 결합해서 체내에서 영양소를 흡수하고 이용하는 것을 방해한다.

11. 당근과 오이 – 당근에는 비타민A의 모체인 카로틴이 많아 비타민A의 효력을 가지고 있는 반면 비타민C를 파괴하는 아스코르비나제를 가지고 있다. 오이도 마찬가지여서 생채를 만들 때 당근과 오이를 섞으면 비타민C를 파괴하게 된다. 그러나 아스코르비나제는 산에 약한 성질을 가지고 있으므로 생채를 만들 때 식초를 미리 섞으면 비타민C의 파괴를 방지할 수 있다.

12. 토마토와 설탕 – 토마토에 설탕을 넣으면 단맛이 있어 먹기는 좋을지 모르나 영양 손실이 커진다. 토마토가 가지고 있는 비타민B는 인체 내에서 당질 대사를 원활히 하여 열량 발생 효율을 높인다. 그런데 설탕을 넣은 토마토를 먹으면 비타민B가 설탕에 밀려 체내에 잘 흡수되지 않는다.

13. 오이와 무 – 오이의 녹색이 무의 흰색과 어울리고 맛도 있어 많은 사람이 함께 이용하고 있는데, 영양상으로는 궁합이 잘 맞지 않는 음식이다. 오이는 칼질을 하면 비타민C를 파괴하는 효소인 아스코르비나제가 나온다. 따라서 오이와 무를 섞으면 무의 비타민C가 파괴된다.

14. 장어와 복숭아 – 장어를 먹고 복숭아를 먹으면 배탈이 나기 쉽다. 장어의 지방을 소화시키기 어려워지기 때문이다. 지방은 당질이나 단백질에 비해서 위에 머무는 시간이 길고, 소장에서 소화효소인 리파아제가 작용하면서 소화된다. 그런데 복숭아에 포함된 유기산은 장에 자극을 주어 지방이 소화되기 위해 작게 유화되는 것을 방해하므로 자칫 설사를 일으키기 쉽다.

15. 미역과 파 – 파에는 황화알린과 알린, 인, 철분이 많고 녹색 부분에는 비타민 A와 C가 많은 것이 특징이다. 그런데 파에 있는 인과 유황이 미역국에 섞이면 미역에 있는 칼슘이 체내에 흡수되는 것을 방해한다. 그래서 미역국에 파를 섞으면 영양의 효율이 떨어지게 된다.

16. 선짓국과 홍차 – 선지는 단백질과 철분이 많아 빈혈이 있는 사람에게 좋은 음식이다. 그러나 선짓국이나 순대를 먹고 홍차나 녹차를 마시면 차의 떫은 맛을 내는 타닌 성분이 철분과 결합하여 타닌산철이 만들어져 철분의 체내 흡수율이 떨어지게 된다.

17. 치즈와 콩류 – 치즈는 단백질과 지방, 칼슘을 많이 함유하고 있다. 콩도 고단백, 고지방 식품으로 치즈와 콩류를 각각 먹으면 영양적으로 좋은 식품이다. 그러나 콩에는 칼슘보다 인산의 함량이 월등히 많다. 그래서 치즈와 콩류를 함께 먹으면 치즈에 있는 칼슘이 인산칼슘으로 변하기 때문에 칼슘의 체내 흡수율이 떨어진다.

18. 홍차와 꿀 – 홍차에 꿀을 타면 영양에 손실이 생긴다. 홍차 성분 중 떫은 맛을 내는 타닌이 꿀 속에 있는 철분과 결합해서 인체가 흡수할 수 없는 타닌산철로 변하기 때문이다. 따라서 홍차에는 꿀을 타지 않고 그대로 마시는 것이 좋다.

19. 팥과 소다 – 팥은 삶아서 조리하는 경우가 많이 있는데 팥을 삶기 위해서는 오랜 시간이 필요하다. 그래서 팥을 빨리 삶는 방법으로 소다를 넣는 경우가 있는데 이렇게 하면 팥이 쉽게 무르기는 하지만 팥에 들어있는 비타민B1이 소다로 인해 많이 파괴된다. 따라서 좋은 조리법은 아니다.

20. 스테이크와 버터 – 스테이크용으로 많이 쓰는 안심과 등심은 지방과 콜레스테롤이 많은 편이다. 버터 역시 칼로리가 높고 맛이 좋다는 장점이 있기는 하나 콜레스테롤의 함량이 매우 많은 식품이다. 따라서 쇠고기로 스테이크를 만들 때 버터를 사용하게 되면 음식 내에 콜레스테롤이 너무 많아지게 된다.

21. 로얄제리와 매실 – 매실에 많이 포함된 유기산은 위장에서 강한 산성반응을 나타내어 유해 세균의 발육을 억제해서 식중독을 예방하거나 치료한다. 그밖에도 설사, 변비, 피로회복에 뛰어난 효능을 나타낸다. 그런데 로얄제리와 함께 먹으면 매실의 유기산 때문에 로얄제리가 체내에서 활성화되지 못해 영양적으로 손실이 발생한다.

22. 도라지와 돼지고기 – 도라지는 사포닌 성분이 있어 면역체계를 강화하는 데 도움이 되고, 호흡기 질환에도 좋은 식품이다. 그러나 도라지와 돼지고기를 함께 먹으면 돼지고기의 지방 성분이 도라지에 있는 사포닌 성분의 약효를 떨어뜨릴 수 있고 때때로 설사를 유발하기도 한다.

23. 빵과 주스 – 간단한 아침식사로 빵과 주스를 함께 먹는 경우가 있다. 그러나 영양학적으로는 어울리지 않는 조합이다. 주스의 산성 성분이 빵의 전분을 소화시키는 침의 프티알렌 효과를 떨어뜨려 소화 불량을 일으킬 수 있다.

24. 소고기와 고구마 – 음식점에서 에피타이저로 고구마를 주는 경우가 있다. 하지만 소고기와 고구마는 어울리지 않는 음식이다. 소고기와 고구마를 소화시키는 데 필요한 위산의 농도가 각각 달라서 함께 먹으면 두 음식 모두 위에 머무르는 시간이 길어진다. 따라서 소화 불량이 일어날 가능성이 크다.

45

내 몸이 달라지는
색깔있는 **밥상**

발행일 2016년 12월 15일 초판 1쇄 발행
발행인 박재우
발행처 한국표준협회미디어
출판등록 2004년 12월 23일(제2009-26호)
주소 서울 금천구 가산디지털1로 145
　　　에이스하이엔드타워3차 11층
전화 (02)2624-0383
팩시밀리 (02)2624-0369
이메일 book@ksamedia.co.kr

ISBN 979-11-6010-005-1　03000

정가 3,800원

감사의 마음은 '감동'을 전합니다
도서로 감동을 선물하세요!

꽃, 꿈, 행복, 인생에 관한 글을
아름다운 캘리그라피로 작품화했다.

이 산 지음 / 4×6판 / 48쪽 / 3,800원(우편봉투 포함)

색깔별로 풍부한 영양소를 갖고 있는
5가지 대표 컬러 푸드를 통해
건강한 삶을 유지하는 방법을 알아본다.

편집부 엮음 / 4×6판 / 48쪽 / 3,800원(우편봉투 포함)

세계적인 고전 작품이나 명사들의
위대한 말 한마디를
예쁜 캘리그라피로 작품화한 명언 모음

편집부 엮음·임예진 캘리
4×6판 / 48쪽 / 3,500원(우편봉투 포함)

점·선·획의 미! 수준 높은 서예를 만나다.
사자성어에 담긴 경영에 관한 철학과 지혜를
명필 붓글씨와 함께 접할 수 있다.

유춘번 지음 / 4×6판 / 48쪽 / 3,800원(우편봉투 포함)

스티브 잡스, 백범 김구, 넬슨 만델라, 킹 목사 등
세상을 변화시키고 꿈을 실현시킨
역사 속 명연설에서 그들의 명언을 되새겨본다.

편집부 엮음 / 4×6판 / 48쪽 / 3,800원(우편봉투 포함)

학창시절 공부했던 저명 문인들의 수필을 음미!
피천득의 〈인연〉 외 9편의 수필

피천득 외 / 4×6판 / 64쪽 / 3,500원(우편봉투 포함)

손글씨로 물어 쓴 청렴 메시지
公明淸言
공 명 청 언

목민심서, 명심보감, 채근담, 맹자 등에서
발췌한 명언을 통해 청렴, 공정, 절제 등
공직자에게 없어서는 안될 중요한 덕목들을
손글씨와 함께 만날 수 있다.

편집부 엮음 / 4×6판 / 48쪽 / 3,800원(우편봉투 포함)

명사들이 전하는 불멸의 명언
위대한 하루가
건네는 인사

삶의 변화 속에서 우러난 기적의 한마디,
고난과 역경 속에서 깨우친 인내의 한마디까지
세계적인 명사들의 치열한 삶과
그 속에서 탄생한 위대한 말 한마디

편집부 엮음 / 4×6판 / 64쪽 / 3,500원(우편봉투 포함)

웃음으로 시작하는
유쾌한 하루

바쁘고 힘든 순간일수록
한 토막 유머의 가치는 그만큼 커진다
건강한 에너지를 퍼뜨리는 유쾌한 유머

편집부 엮음 / 4×6판 / 48쪽 / 3,500원(우편봉투 포함)

한광일 웃음박사의
행복유머편지

유머를 무기로, 대통령을 적발한 교통순경,
어린 카네기의 재치, 모두가 불평해도
리더는 만족하라 등 19가지 웃음 이야기

한광일 지음 / 4×6판 / 48쪽 / 2,000원(우편봉투 포함)

마음이 끈끈해지는 영화 속 명대사
Hug

몸과 마음이 지친 현대인들을 위해
휴식과 치유를 제공하는 영화 속 명대사,
전하는 이의 고마운 마음은 물론
영화 속 따뜻한 감동까지 전한다

편집부 엮음 / 4×6판 / 64쪽 / 3,500원(우편봉투 포함)

따뜻한 마음을 전하는
감사의 명시 選

박목월, 서정주, 황동규, 안도현 등
유명 시인의 명시 21편을
우아한 수채화와 함께 선보이는 시 모음

황동규 외 지음 / 4×6판 / 48쪽 / 3,500원(우편봉투 포함)

정혜신의 그림에세이
마음과 마음

행복의 비법, 관점의 진보, 인생 한 방,
내가 먼저, 나이심기, 꼭 한 사람, 행복 그래프,
걱정 인형 등 21가지 감동 이야기

정혜신 지음 / 4×6판 / 48쪽 / 2,000원(우편봉투 포함)

※대량 구매 또는 세트 구매시 별도 상담주시기 바랍니다.